W9-BEQ-936

EDITION XXL

Inhalt

Der Schatz im Fuchswald

Über dem Feuer in der Küche blubberte im alten schwarzen Kessel dicke rote Marmelade. Frau Igel schaute ihren Sohn Willi an, der am Tisch saß und vor sich hin starrte.
„Was ist los mit dir, Willi?", fragte sie erstaunt. „Mir ist langweilig", antwortete Willi, „hier ist nie was los." „Langweilig", sagte seine Mutter. „Ich hab tausend Sachen auf einmal zu tun! Wenn du mir helfen würdest, wäre dir nicht langweilig!"
Willi schniefte. „So was mein ich nicht", sagte er. Seine Mutter überhörte es.
„Du kannst diesen Korb voll eingemachtem Obst zu Großvater bringen", meinte sie. „Pass gut auf, dass du nichts zerbrichst, und bestelle Großvater liebe Grüße von mir."

Willi trottete mit dem Korb los.
Unterwegs traf er Mäxchen Maus
und Ricky Kaninchen.
„Ich muss das Zeug zu meinem
Großvater bringen", sagte er, „ich
hab keine Zeit zum Spielen."
Ricky fragte: „Können wir nicht mit-
kommen?" „Wenn ihr mir helft, den verflixt schweren Korb zu schleppen", sagte Willi.

Großvater Igel war mit dem Streichen seines alten Fahrrades beschäftigt. „Mama schickt dir was Eingemachtes", rief Willi. „Das ist aber fein, junger Mann", antwortete Großvater. „Könnten wir beim Streichen helfen?", fragte Mäxchen. „Vielen Dank", sagte Großvater, „ich bin gerade fertig. Jetzt geh ich zu einer Versammlung bei Frau Maulwurf. Möchtet ihr mitkommen?" Versammlung klang nicht gerade aufregend, aber weil ihnen nichts Besseres einfiel, kamen sie mit.

In Frau Maulwurfs Wohnstube trafen sie viele Bewohner vom Fuchswald.

„Worum geht's denn eigentlich, Großvater?", flüsterte Willi.

„Wir brauchen einen neuen Gemeindesaal", sagte Großvater, „aber wir haben zu wenig in der Kasse. Deshalb soll sich jeder Gedanken darüber machen, wie wir Geld auftreiben können."

„Ruhe bitte!", rief Herr Dachs, der Krämer, der die Versammlung leitete, und schlug mit einem Holzhammer auf Frau Maulwurfs polierten Tisch.

„O du meine Güte", murmelte Frau Maulwurf, „je eher wir einen Gemeindesaal bekommen, desto besser."

Die Versammlung dauerte lange, und Willi, Mäxchen und Ricky wurde es gehörig langweilig. Aber die Idee, irgendwie Geld aufzutreiben, gefiel ihnen. Nachher fragten sie Großvater, wie sie das anstellen sollten.

„Ich weiß es auch nicht", seufzte Großvater Igel. „Eventuell solltet ihr in die Bibliothek gehen und die alten Bücher studieren! Vielleicht kommt euch da eine Idee!"

„Alte Bücher!", sagte Willi voll Widerwillen. „Man kann kein Geld machen, indem man alte Bücher liest! Wir wollen etwas unternehmen!" Großvater hörte nicht auf Willis Gebrumm. Er nannte zwei Bücher, nach denen sie bei Fräulein Eichhörnchen fragen sollten.

Und schließlich trollten sich die drei Freunde, gingen in die Bücherei, sagten Fräulein Eichhörnchen, was sie wollten, und setzten sich in einen stillen Winkel.

Nach einer Weile erschien das Fräulein und legte zwei dicke verstaubte Bände auf den Tisch. Ricky öffnete den einen. „Was ist das überhaupt für ein Buch?", fragte Willi neugierig. „Alte Geschichten", sagte Ricky, „über all die berühmten und reichen Tiere, die einmal im Fuchswald gewohnt haben, über Kapitän

Wiesel und über den Grafen und die Gräfin von Maulwurf, die damals in einem Schloss wohnten. Oh, und hier steht etwas über den Baron Fuchs ..."

„Über den weiß ich schon alles", unterbrach ihn Willi, „Großvater hat mir von ihm erzählt. Am Marktplatz steht sein Denkmal." „Das weiß doch jeder, du Klugmann", sagte Ricky, „oder weißt du sonst noch was?" „Das ist alles", gestand Willi kleinlaut.

„Hier steht“, sagte Ricky, „dass der Baron Fuchs ein fröhlicher Bursche war, den jeder mochte. Er besaß eine fabelhafte Höhle, irgendwo versteckt in der Nähe vom Fuchswald. Dorthin lud er oft seine Freunde ein. Er wartete immer am Waldrand auf sie und verband ihnen die Augen, bevor er sie in seine Höhle führte.“

Warum hat er ihnen nicht getraut?“, unterbrach ihn Mäxchen. „Davon steht hier nichts“, sagte Ricky, „aber offensichtlich passierte etwas Schlimmes. Eines Nachts folgte ihm eine Diebesbande. Es gab einen schrecklichen Kampf und die Diebe nahmen alles mit, was nicht niet- und nagelfest war. Der Baron Fuchs verließ seinen zerstörten Bau und gründete einen Gasthof, Zum alten Fuchs genannt. Er wurde berühmt für eine besondere Limonade, die er nach einem geheimen Rezept herstellte. Als er starb, wurde der Gasthof geschlossen und das Rezept wurde niemals gefunden.“ „O ja!“, rief Willi, „Großvater hat mir erzählt, wo das alte Gasthaus war!“
„Vielleicht finden wir dort dieses Rezept“, sagte Mäxchen.
„Großvater hatte Recht“, meinte Ricky, „die alten Bücher haben uns doch auf eine Idee gebracht.“„Lasst uns gleich morgen früh mit der Suche anfangen!“, rief Willi.

Am nächsten Morgen gingen sie in den Wald und irrten lange umher. Sie kämpften sich durch Brombeerranken, durch hohes Gras und über herumliegende Äste. Endlich stießen sie auf einen überwachsenen Weg und standen plötzlich vor einem alten verfallenen Haus. Windschief hing noch das Wirtshausschild über der Tür.
„Das ist es", schrie Ricky, „wir haben es gefunden! Versucht die Tür aufzustoßen!" Die Tür gab nach.

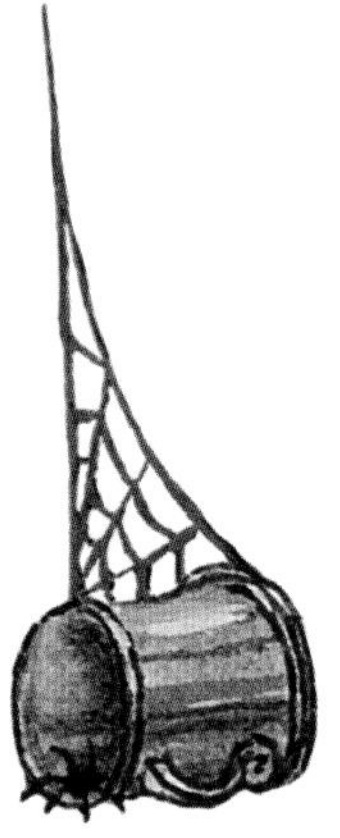

Staub und Spinnweben kamen ihnen entgegen. Ganz hinten entdeckten sie eine Bar. Willi rannte hin und probierte die Zapfhähne.
„Was soll's denn sein, meine Herren?", fragte er.
„Zwei Gläser von der besonderen Limonade, bitte schön!", antwortete Mäxchen.
„Das macht 50 Cent, meine Herrschaften", entgegnete Willi.
„Ich bin der berühmte Baron Fuchs", sagte Ricky. „Falls die Herrschaften Zimmer für die Nacht wollen, dann kommen Sie bitte mit, hier entlang, und passen Sie auf Ihren Kopf auf!"
Er zeigte auf die Treppe und Mäxchen folgte ihm. Willi blieb, wo er war, denn die Treppe sah recht wacklig aus und führte ins Dunkle. „Ich glaube, ich warte lieber hier unten auf euch", sagte er.

Aber sobald die beiden verschwunden waren, wäre er doch lieber mitgegangen. In der Bar war es unheimlich, und er machte vor Schreck einen Hopser, als ein Brett laut knarrte. „Wer ist da?", rief er.
„Das bin bloß ich", antwortete eine kleine Piepstimme. Und zu Willis Überraschung kroch eine Maus hinter der alten Uhr in der Ecke hervor. „Ich bin Barty", sagte die Maus freundlich, „ich wohne hier und halte alles ein bisschen in Ordnung. Und wer bist du?" „Ich bin Willi und schau mich nach dem geheimen Rezept vom Baron Fuchs um."
„Ich kann dir eine Menge geheimer Plätze zeigen", sagte Barty, „aber ich habe keine Ahnung, was ein Rezept ist." Auch Willi war nicht ganz sicher, wie ein Rezept aussah.

„Ich glaube, es wird an einem geheimen Ort sein", meinte er. „Dann komm mit", sagte Barty und schlüpfte hinter die Theke. Er zog an einem Zapfhahn, auf dem Speziell stand, und in einem der großen Fässer öffnete sich plötzlich eine Tür.
„Kriech rein", sagte Barty, „es ist ganz sicher."
Willi ging hinein und hinter ihm schlug die Tür zu.

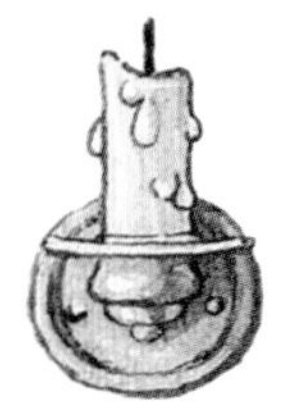

Oben sahen sich Mäxchen und Ricky um, steckten ihre Nasen dahin und dorthin und hörten plötzlich eine Tür schlagen.

„Ich glaube, wir schaun mal nach, ob mit Willi alles in Ordnung ist", sagte Mäxchen. Sie rannten die Treppe hinunter – von Willi keine Spur.

„Willi", rief Ricky. – Keine Antwort.

„Nun komm schon, wir müssen dir was zeigen", rief Ricky wieder und dachte, Willi hätte sich aus Spaß versteckt. – Immer noch keine Antwort.

„Wo kann er nur hin sein?", fragte Mäxchen. „Ich wette, der ist einfach nach Hause gegangen, der Angstigel", sagte Ricky.

„Wenn das so ist, dann kann er morgen zu Hause bleiben", meinte Mäxchen verdrießlich.

„Es ist sowieso schon spät, und wir gehen jetzt besser auch heim. Wir werden uns Willi morgen vorknöpfen."

Am nächsten Morgen klopften Mäxchen und Ricky laut an die Tür von Frau Igels Haus. „Wo ist Willi?", fragte Ricky. „Hier ist er nicht", antwortete Willis Mutter, „er wollte bei seinem Großvater übernachten."

Mäxchen und Ricky wurden immer ärgerlicher, und als sie Großvaters Hütte erreichten, pumperten sie laut gegen die Tür. „Macht, dass ihr wegkommt", schimpfte Großvater Igel. „Weckt man so früh schon Leute auf?"

„Sag Willi, dass wir ihn sprechen müssen!", rief Mäxchen. „Das geht nicht", antwortete Großvater Igel grimmig, „weil er nämlich gar nicht da ist." „Nicht hier und nicht da", sagte Mäxchen ratlos. „Dann ... o nein! Er muss noch im alten Gasthaus sein! Schnell!"
Sie rannten zu dem alten Haus und durchsuchten es von vorne und hinten, unten und oben. Keine Spur von Willi. „Wenn er nicht bald zum Vorschein kommt, müssen wir es seiner Mutter sagen", meinte Mäxchen.

Unter dem Denkmal vom Baron stand eine Bank. Darauf setzten sich Mäxchen und Ricky, ratlos und ängstlich. Sie sagten kein Wort. Plötzlich sprach das Standbild. „Ist hier jemand?", fragte es. Ricky und Mäxchen sprangen erschrocken in die Höhe. „Es ist verhext!", schrie Mäxchen. „Nein, ist es nicht", sagte das Denkmal. „Das bin bloß ich. Ich kann nicht raus hier!" „Das ist Willis Stimme", rief Ricky erleichtert.

Zu ihrer Überraschung hörten sie noch eine andere Stimme. „Es gibt eine Öffnung", sagte diese Stimme. „Wir drücken von innen, und ihr zieht von außen!" Mäxchen und Ricky suchten auf allen Seiten. Plötzlich spürten sie etwas. „Wir haben sie!", schrien sie, „jetzt drückt so fest, wie ihr könnt, dagegen."

Eine steinerne Tür öffnete sich einen ganz kleinen Spalt. Mäxchen hielt sich an ihr fest und zog, Ricky hielt sich an Mäxchen fest und zog auch. Endlich gaben die Steine nach und Willi stolperte heraus, gefolgt von Barty.
„Wo zum Himmel hast du gesteckt?", fragte Mäxchen. „Und wer ist das da?" „Das ist Barty", sagte Willi, „und wir haben den Bau vom Baron Fuchs gefunden. Kommt mit, wir zeigen es euch."

Mäxchen und Ricky krochen einen langen, engen und dunklen Gang hinter Willi her und dachten, dass Willi doch recht tapfer war. Plötzlich standen sie in einer riesigen, wunderschönen Halle. Schließlich sagte Ricky: „Keiner im Dorf hat etwas gewusst! Der Bau des alten Fuchses mit einem so großen Saal!" „Saal!", wiederholte Mäxchen. „Willi, du und Barty, ihr habt den neuen Gemeindesaal gefunden!"
„Und das ist nicht alles, was wir gefunden haben", sagte Willi. „Schaut her, hier ist das alte, geheime Limonaden-Rezept! Barty hatte es in eine Schublade gelegt, er wusste nicht, dass es etwas wert ist." „Hurra!", freute sich Mäxchen. „Jetzt können wir auch die Limonade wieder brauen. Die wird berühmt werden und wir auch." „Nicht nur wir", sagte Willi nachdenklich. „Großvater hat uns den Tipp mit den alten Büchern gegeben."

Das ganze Dorf feierte die Nachricht, dass Willi und sein neuer Freund den Fuchs-Saal gefunden hatten, und bei der nächsten Versammlung in Frau Maulwurfs Haus beschloss man, auch den alten Gasthof mit einem großen Fest wieder zu eröffnen.

Großvater Igel braute viele Liter der speziellen Limonade, und von nah und fern kamen die Tiere und probierten den köstlichen Trunk. Das Fest wurde ein großer Erfolg, so dass genügend Geld zusammenkam, um einen neuen Eingang zum zukünftigen Gemeindesaal zu bauen.

Großvater Igel hatte die Eröffnung des Gasthauses Zum alten Fuchs so gut gefallen, dass er gleich weitermachte und der beste Wirt – seit dem Baron Fuchs – weit und breit wurde.

Willi und Barty durften das Band durchschneiden, als der neue Gemeindesaal eröffnet wurde, und Barty wurde gleich Hausmeister. Auch Mäxchen und Ricky wurden nicht vergessen.
Zusammen mit Willi und Barty durften sie so viel Limonade trinken, wie sie wollten. Ohne Bezahlung – auf Lebenszeit.

Das geheime Tal

Es war ein wunderschöner Tag. Schnuppernd sog Willi Igel die süße Sommerluft ein. „Ein großartiger Tag, um Rosie Kaninchen aufzumuntern", sagte er zu sich. „Ich klopfe bei unseren Freunden an, und wir gehen alle zusammen hin und besuchen sie." Die arme Rosie lag krank im Bett.

„Da ist Besuch für dich“, sagte Rosies Mutter und nannte jeden beim Namen, den sie hineinschob. „Katie Kaninchen, Daniel Dachs, Ricky Kaninchen, Mäxchen Maus und, nicht zuletzt, Willi Igel“, verkündete sie lächelnd. „Was für eine nette Überraschung“, sagte Rosie und versuchte tapfer zu sein.
„Geht's dir immer noch schlecht?“, fragte Willi.

„Ja“, antwortete Rosie. „Dr. Maulwurf braucht ein besonderes Kraut, um mich gesund zu machen. Es wächst nicht im Fuchswald, und es ist sehr schwer zu finden“, sagte sie schluchzend.

„Sei nicht traurig, Rosie“, meinte Katie. „Willis Großmama kennt sich mit solchen Kräutern gut aus. Sie kann dir bestimmt helfen.“ Willi schaute auf die Uhr. „Oje, die Großmama! Ich komm zu spät zum Tee. Muss sausen, sonst wird sie böse“, sagte er und umarmte Rosie zum Abschied. „Willi, vergiss nicht unseren Golftag morgen“, erinnerte ihn Mäxchen. „Wir treffen uns gleich in der Frühe bei deinem Großpapa.“

Als Willi bei seiner Großmama ankam, wartete sie schon im Garten. „Tut mir Leid, dass ich mich verspätet habe", sagte Willi außer Atem. „Wir haben Rosie besucht. Sie ist ziemlich krank." „Vielleicht können wir ihr damit helfen", meinte Großmama und zeigte Willi eine Abbildung in einem alten Buch. „Das Kraut sieht aus wie eine Blume", dachte Willi. „Aber wo wächst es?"

Nach dem Tee dankte Willi seiner Großmama und gab ihr einen Kuss. „Ich muss jetzt schnell nach Hause. Würdest du bitte Großpapa daran erinnern, seine Golfsachen morgen früh bereitzuhalten?", rief er noch.

Am nächsten Morgen bei Großmama zeigte Willi Katie das Bild von dem besonderen Kraut. „Warum gehen wir es nicht suchen?", fragte Willi. „Rosie hat gesagt, es wächst nicht im Fuchswald", sagte Katie. „Und überhaupt sollten wir das Dr. Maulwurf überlassen, er weiß es am besten."

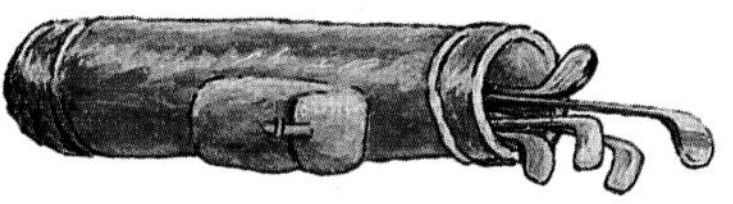

Großpapa sortierte gerade seine Golfschläger. „Die da sind schon ein bisschen alt", kicherte Mäxchen. „Uralt!", erwiderte Großpapa Igel stolz. „Sie haben meinem Vater gehört, also verliert oder beschädigt sie bloß nicht", fügte er streng hinzu. „Wir gehen auf die große Wiese am Fluss. Da haben wir jede Menge Platz", sagte Willi zu Großpapa.

„Wir spielen in zwei Mannschaften", sagte Mäxchen.

„Gut. Aber in meiner will ich Katie nicht haben", meinte Willi. „Mädchen können nicht Golf spielen."

„Wir üben alle", entgegnete Ricky und zeigte Katie, wie man weit ausholt. Als Katie den Ball schlug, flog er so hoch in die Luft, dass er über den Fluss segelte und weit weg in einer Baumgruppe landete.

„Du hast Großpapas Ball verschlagen", stöhnte Willi. Er ärgerte sich nun doch, dass Katie nicht in seiner Mannschaft war.

„Wir haben gewonnen!", rief Ricky.
„Ihr könnt nicht gewinnen, bevor ihr nicht den Ball wieder findet", sagte Willi.
„Aber wie können wir über den Fluss kommen?", fragte Katie. Ricky hatte schon eine Lösung gefunden. „Seht mal, da liegt ein kleines Boot am Ufer", sagte er. „Wir können es uns ausleihen, um auf die andere Seite zu kommen."
„Großartig", rief Willi.

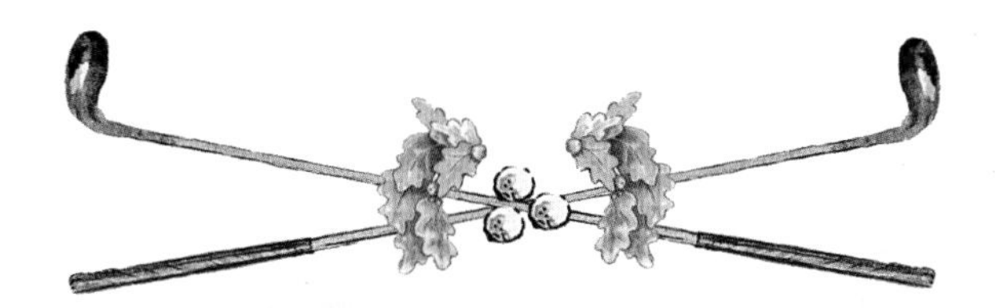

Sie zwängten sich alle in das kleine Boot hinein. Mäxchen und Ricky ruderten rasch, und schon bald erreichten sie das andere Ufer. Sie suchten lange Zeit, aber keiner fand den Ball. Ohne es zu merken, gingen sie dabei tiefer und tiefer in den dunklen Wald hinein.

„Bist du sicher, dass du den Ball so weit geschlagen hast, Katie?", fragte Willi. Dann befanden sie sich plötzlich auf einer Lichtung. Ein Baumstamm lag quer über einem breiten Bach, der darunter hindurchschoss. „Ich glaube, ich sehe da drüben etwas Weißes", sagte Daniel, „aber wir müssen über den Baumstamm balancieren, um da heranzukommen." Willi war mutig genug, um als Erster über den Baumstamm zu gehen.

Der Baumstamm war mit grünem Moos bewachsen und ganz glitschig. Plötzlich glitt Katie aus, und sie rutschten alle vom Baumstamm ins reißende Wasser hinunter. Die starke Strömung riss sie ein großes Stück mit sich. Weiter unten, wo der Bach ruhiger floss, zählte Ricky die Köpfe, die im Wasser auf und nieder hüpften. „Gott sei Dank sind alle wohlbehalten", sagte er. Sie kletterten ans Ufer und breiteten ihre Sachen zum Trocknen aus.

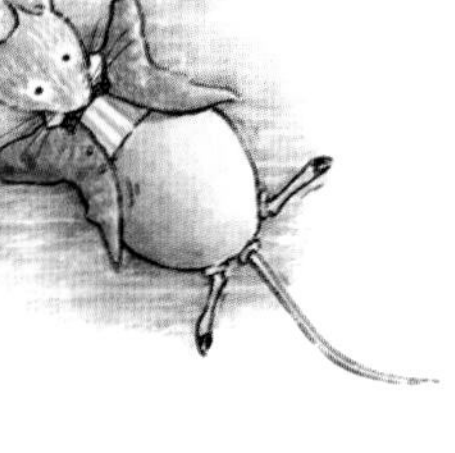

„Wir stecken ganz schön im Schlamassel", seufzte Daniel, „und jetzt haben wir uns wirklich verirrt." „Aber wir können hier nicht bleiben. Wir müssen weitergehen", sagte Mäxchen. Sie waren noch nicht weit gekommen, als Willi mit dem Zeh gegen ein Stück Holz in einem Blätterhaufen stieß. „Wartet mal", sagte Mäxchen und half Willi wieder auf die Beine. „Da steckt vielleicht noch mehr darunter." Sie räumten den Blätterhaufen weg.

„Es ist ein Boot", rief Willi.
„Aber es ist voller Löcher", stöhnte Daniel.
„Macht euch keine Sorgen", sagte Ricky. „Die können wir zustopfen. Helft mir, ein paar Stöcke zu finden, die wir fest hineinklemmen."

Alle arbeiteten schwer, und schließlich war das Boot fertig. Die Freunde kletterten hinein, und sanft glitt das Boot mit der Strömung davon. Sehr bald waren alle fest eingeschlafen. Plötzlich weckte ein Schrei von Mäxchen die anderen auf. „Seht doch mal", stieß er hervor. Vor ihnen breitete sich das schönste Tal aus, das sie je gesehen hatten. „Das muss ein geheimes, verzaubertes Tal sein", flüsterte Katie.

„Heißt das, dass wir verloren sind?", schluchzte Daniel. „Man soll nie die Hoffnung aufgeben", sagte Mäxchen. „Wir sind immer noch zusammen und alle unversehrt."

Sanft glitt das Boot durch das geheime Tal. Es schien keinen Ausgang zu geben. Plötzlich sprang Daniel auf. „Seht mal da, ein Häuschen. Wir sind gerettet!"

„Es sieht gruselig aus", flüsterte Katie. „Und wenn eine Hexe darin wohnt?"
„Ich hab keine Angst", sagte Ricky und rief laut: „Irgendjemand zu Hause? Wir haben uns verirrt und brauchen Hilfe!" Eine kleine alte Frau kam heraus, um nachzusehen, wer da solchen Lärm machte. „Ach du liebe Güte!", rief sie. „Fremde in einem undichten Boot. Dann kommt mal lieber herein." „Das ist die Hexe", stieß Willi hervor. „Sei doch nicht dumm", sagte Mäxchen. „Jedenfalls sind wir zu fünft."
Einer nach dem anderen kletterten sie aus dem Boot. Sie folgten der alten Frau durch den Garten und lugten an der Tür des Häuschens vorsichtig hinein. „Wie wär's, wenn ihr mir beim Tee Gesellschaft leistet?", fragte die Frau freundlich. „Und dann könnt ihr mir eure Geschichte erzählen." „Das hört sich gut an", sagte Willi, der sehr hungrig war.

„Nein, was für ein Abenteuer ihr erlebt habt!", wunderte sich die Frau, als Willi ihr die Geschichte erzählt hatte. „Sicher wird Großpapa nun nach euch suchen."
Nach dem Tee und köstlichem Kuchen führte die Frau sie in ihren Garten. „Welch schöne Blumen", staunte Willi. Die Frau lächelte. „Ich ziehe besondere Pflanzen, aus denen man Medizin machen kann", sagte sie. „Diese hier wird dir vor allem gefallen. Man nennt sie Marshmallow, und sie ist nicht nur eine wunderbare Medizin, aus den Wurzeln können auch Süßigkeiten hergestellt werden."

Willi starrte die Pflanze ungläubig an. „Das ist es!", rief er aus. „Rosies besonderes Kraut. Jetzt kann Dr. Maulwurf die Medizin bereiten, die Rosie braucht."
„Sie könnte aber doch eine Hexe sein", flüsterte Mäxchen.
„Aber eine, die gut und freundlich ist", erwiderte Katie.

„Nun solltet ihr euch auf den Heimweg machen", mahnte die Frau. „Ich zeige euch, wie ihr gehen müsst." „Vielen, vielen Dank, dass Sie uns geholfen haben", sagte Katie beim Abschied. „Und besonders für die Marshmallow-Pflanzen", ergänzte Willi. „Rosie selbst wird Sie bestimmt besuchen und Ihnen persönlich danken wollen, wenn sie wieder gesund ist." „Ihr seid alle jederzeit willkommen", sagte die alte Frau und reichte Willi eine Landkarte. „Jetzt fort mit euch, es wird allmählich spät."

„Beeilt euch", drängelte Ricky. „Wir müssen die Straße finden, ehe es dunkel wird!" Es kam ihnen so vor, als wären sie schon kilometerweit gelaufen. Daniel, der Jüngste, war sehr müde. „Es kann jetzt nicht mehr weit sein", meinte Ricky und nahm Daniel huckepack.
„Hört mal!", rief Mäxchen plötzlich. „Pssst! Das hört sich an wie ein Auto. Da vorne ist bestimmt eine Straße. Schnell, einer von uns muss hinlaufen!" Willi rannte so schnell los, wie seine kurzen Beine ihn tragen konnten. Gerade als er die Straße erreichte, kam ein Omnibus um die Ecke getuckert. Willi schwenkte wie wild die Arme.

Ein paar Zentimeter vor Willis Nasenspitze kam der Bus zum Stehen. „Noch 'ne Haaresbreite näher, und wir hätten den Salat gehabt!", schimpfte Ricky. „Ich liebe Salat", sagte Willi, „und ich komme fast um vor Hunger." „Hungrig, aber tapfer", meinte Katie und knuddelte ihn tüchtig. Im Bus war es gemütlich und warm, und nachdem die anderen eingeschlafen waren, erzählte Willi dem Fahrer alle ihre Abenteuer. „Das ist ein langer Tag gewesen", sagte der Fahrer, „aber nun seid ihr fast zu Hause."

Im Fuchswald hatte sich die Nachricht verbreitet, dass die fünf Freunde vermisst wurden, und auf dem Dorfplatz versammelte sich gerade eine ziemlich große Suchmannschaft, als der Bus angetuckert kam. Alle waren außer sich vor Freude, Katie und die Jungen gesund und wohlbehalten zu sehen. Dr. Maulwurf freute sich vor allem über das Kraut für Rosie. „Ich werde sofort Medizin daraus bereiten", sagte er. „Hoffentlich schmeckt sie nicht zu schrecklich", sagte Katie. „Wahrscheinlich gibt Dr. Maulwurf Rosie hinterher ein Bonbon", gähnte Willi und wünschte gute Nacht.

Am nächsten Morgen gab es viel zu erklären, aber man verzieh den jungen Freunden, dass sie ihre Eltern in so große Sorge versetzt hatten.

Nachdem Willi Großpapa geholfen hatte, die Golfschläger von der Wiese zu holen, fragte er, ob er Rosie besuchen dürfe. „Natürlich", lächelte seine Mutter. „Und richte ihr schöne Grüße von uns aus."

Als Willi bei dem Häuschen ankam, saß Rosie im Garten und nähte. „Dir geht es ja schon besser!", rief Willi aus.
Bald tauchten auch Mäxchen, Ricky, Katie und Daniel am Gartentor auf. „Diese Medizin wirkt wirklich Wunder", sagte Ricky.

„Das habe ich eurer Freundschaft zu verdanken", sagte Rosie glücklich. „Jetzt kann ich es kaum erwarten, von all euren Abenteuern zu hören; aber zuerst möchte ich ein paar Süßigkeiten austeilen." Mäxchen schaute in die kleine Schachtel hinein. „Wie heißen die?", fragte er. „Na, Marshmallows natürlich!", lachte Rosie.

Dann versammelten sich die fünf Freunde im Kreis um sie, und Willi begann, ihr die fantastische Geschichte vom geheimen Tal zu erzählen.

Das Geheimnis vom Leuchtturm

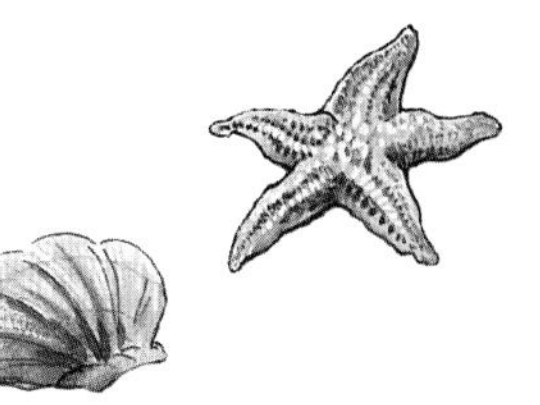

Kling-klang! Die Tür von Herrn Dachs' Kramladen ging auf.

„Drei Gläser Speziallimonade, bitte", rief Willi Igel und drängte sich vor seine Freunde Mäxchen Maus und Ricky Kaninchen. „Da habt ihr aber Pech", knurrte Herr Dachs. Willi war ganz verdutzt. „Was wollen Sie damit sagen?", fragte er. Herr Dachs beugte sich über die Ladentheke. „Ich will damit sagen", grummelte er, „dass es keine gibt."

„Aber es gibt doch immer Speziallimonade", beschwerte sich Willi.

„Heute eben nicht. Es gibt keine Limonade, und es gibt kein Gemüse. Und es gibt sie nicht, weil man sie gestohlen hat", sagte Herr Dachs. „Großvater Igel und ich sind die letzten drei Nächte aufgeblieben und haben versucht, die Diebe auf frischer Tat zu ertappen ..." „Und warum habt ihr sie dann nicht erwischt?", unterbrach Ricky. „Na ja, weil ... weil es nicht so leicht ist, wach zu bleiben, wie wir uns das gedacht hatten", antwortete Herr Dachs verlegen.

Jetzt platzte Willi der Kragen. „Sie sollten uns doch kostenlos Limonade geben, wann immer wir sie wollen", erinnerte er Herrn Dachs patzig. „Also, was werden Sie in der Sache unternehmen?" „Nichts", erwiderte Herr Dachs scharf. „Ich fahre in den Urlaub ans Meer. Mein Wohnwagen dort muss mal tüchtig sauber gemacht und frisch angestrichen werden. Hier zu bleiben hat ja keinen Zweck, weil Großvater Igel und ich allein diese Rüpel doch nie erwischen werden."

Mäxchen blickte nachdenklich vor sich hin. „Herr Dachs", begann er, „wenn wir mitkommen und Ihnen helfen, sind sie schneller fertig, und dann können wir gemeinsam versuchen, die Diebe zu schnappen."

Herr Dachs gab keine Antwort und ging nur nachdenklich im Laden umher. „In Ordnung", sagte er schließlich. „Nur dieses Mal, aber glaubt ja nicht, dass ihr das zu einer Gewohnheit machen könnt, und ..." – dabei blickte er sie durchdringend an – „sorgt auf jeden Fall dafür, dass eure Eltern wissen, was ihr vorhabt."

„Großartig, Mäxchen", lachte Willi, als sie den Laden verließen. „Wer hätte gedacht, dass der grummelige alte Herr Dachs deinem Plan zustimmen würde!"
„Es wird bestimmt nicht lange dauern, auf den Wohnwagen dort ein bisschen Farbe draufzuklatschen", meinte Ricky. „Und dann haben wir die übrige Zeit für uns ... ein kostenloser Urlaub am Meer." „Wart's ab", sagte Mäxchen, „wir müssen ja noch unsere Eltern fragen."

Willi hatte da gar keine Zweifel. „Meine Mutter und mein Vater werden mich bestimmt fahren lassen", sagte er zuversichtlich und hatte es eilig, seinen Eltern alles zu erzählen und sich ans Packen zu machen. „Wir treffen uns dann am Bahnhof", rief Mäxchen noch, als die anderen beiden schon davonrannten. „Und kommt nicht zu spät."
Am nächsten Morgen erschien Willi als Letzter – mit einer Unmenge an Gepäck. Mäxchen war entsetzt. „Ich wünschte, deine Eltern hätten nein gesagt", jammerte er, als er Willi und seine Taschen und Bündel in das Eisenbahnabteil hineinquetschte. „Kommt und setzt euch", sagte Herr Dachs. „Wir haben eine lange Fahrt vor uns."
Außerhalb des Kramladens war er sehr viel besser gelaunt. Der Zugführer pfiff, und keuchend und zischend fuhr der Fuchswaldzug langsam aus dem Bahnhof.

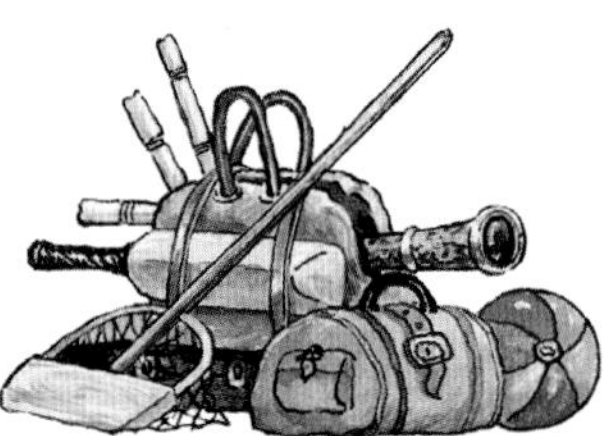

Ricky borgte sich Willis Fernrohr und schaute damit zum Fenster hinaus. Herr Dachs las gemütlich seine Zeitung, und Willi suchte in seinen Sachen nach den eingepackten Butterbroten.

„Kommt es jemals vor, dass du keinen Hunger hast?", fragte Mäxchen. „Ich werde vielleicht reisekrank", antwortete Willi, „und etwas zu essen hilft dagegen." „Seht mal", rief Ricky plötzlich und zeigte mit dem Fernrohr auf ein Boot, das den Fluss hinunter auf die Mündung zusegelte. „Ratten!"

„Ich wette, die führen nichts Gutes im Schilde", sagte Willi. „Oh, das glaube ich nicht", meinte Herr Dachs freundlich. „An so einem herrlichen Tag haben wahrscheinlich sogar die Ratten einfach nur Spaß an einer Segeltour." Willi nahm sein Fernrohr und erspähte einen Leuchtturm. Dann rief er: „Seht euch das bloß an! So viel Wasser! Juchhu! Das werden die besten Ferien von allen."

Herr Dachs half ihnen, das Gepäck aus dem Netz herunterzuholen, als der Zug in den Bahnhof einfuhr. „Wartet, bis er hält", rief er. „Ich will nicht, dass irgendein Unglück passiert."
Mäxchen, Willi und Ricky hörten gar nicht auf ihn. Sie schoben und drängelten und wollten unbedingt als Erste draußen sein. Herr Dachs seufzte. „Vielleicht hätte ich doch allein fahren sollen", murmelte er. „So etwas bin ich nicht gewohnt."

„Ist es weit?", fragte Willi und wünschte, er hätte nicht ganz so viel Gepäck mitgebracht. „Es ist doch bloß, weil meine kleinen Beine so schnell müde werden."

„Ach, halt den Mund, Willi", sagte Ricky. „Immer hast du was zu jammern, und wenn du nicht am Jammern bist, dann bist du am Futtern. Du bist ein richtiger Langweiler!" Willi streckte ihm die Zunge heraus. „Selber einer!", sagte er.

„Das reicht jetzt", sagte Herr Dachs rasch. „Kommt mit. Hier geht's lang." Er zeigte auf einen Weg, der sich die Klippen hinunter zum Strand wand. „Was für ein Ausblick!", rief Mäxchen. „So etwas habe ich noch nie gesehen." „Da ist dieser Leuchtturm wieder", sagte Willi. „Können wir da mal hingehen und ihn erkunden?" „Nachdem wir beim Wohnwagen gewesen sind", entgegnete Herr Dachs entschieden. „Da ist er ja." „Was, der baufällige da?", fragte Ricky und schnappte nach Luft. „Er hat doch gesagt, dass er erst ein bisschen zurechtgemacht werden muss", sagte Mäxchen.

Sie verbrachten den ganzen Nachmittag mit Saubermachen und Bohnern und Abstauben, bis ihnen fast die Arme abfielen. „Das sieht mir schon mehr nach einem Wohnwagen aus", sagte Herr Dachs schließlich, zufrieden mit ihrer Schwerstarbeit. „Jetzt können wir auspacken, die Betten bauen und Abendbrot essen. Morgen fangen wir mit der Außenseite an." Sie besprachen die Arbeit, die am nächsten Tag zu erledigen war. Willi langte bei der saftigen Pastete von Herrn Dachs kräftig zu.

„Ich glaube, ich habe zu viel gegessen", stöhnte er in der Hoffnung, sich vor dem Abwasch drücken zu können. „Du kannst abtrocknen", sagte Herr Dachs lächelnd, „das ist leichter."
„Erzählen Sie uns eine Gutenachtgeschichte?", fragte Mäxchen später erwartungsvoll. „Also, dann lasst mich mal nachdenken", sagte der alte Dachs. „Hab ich euch schon von dem Gespenst vom Leuchtturmfelsen erzählt? Das ist eine wahre Geschichte, und, wie ich mich erinnere, geht sie so ..." Es war wirklich eine spannende Geschichte, aber bis Herr Dachs schließlich zum Ende kam, waren Mäxchen, Ricky und Willi bereits fest eingeschlafen.

Als die drei Freunde am nächsten Morgen aufwachten, schien die Sonne, und in der Pfanne brutzelte schon der Speck. „Ich verhungere gleich", sagte Willi und sprang aus dem Bett. So schnell wie möglich wusch er sich und zog sich an. „Seid ihr bereit zur Arbeit?", fragte Herr Dachs. „Können's gar nicht erwarten!", antwortete Willi. „Gut", sagte Herr Dachs. „Je früher wir anfangen, desto früher sind wir fertig, und dann könnt ihr allein losziehen.

Herr Dachs öffnete die Farbtöpfe und gab jedem von ihnen einen Pinsel. Sie arbeiteten so tüchtig, dass bis zum Mittag alles erledigt war. Herr Dachs konnte es kaum glauben. „Gut gemacht!", rief er aus. „Jetzt haben wir uns aber ein kleines Mittagessen verdient!"

„Es ist schön, sich nach getaner Arbeit auszuruhen", bemerkte Herr Dachs später. „Also, was habt ihr drei euch für den Rest des Tages vorgenommen?" „Sind uns noch nicht sicher", sagte Mäxchen. „Zum Abendessen sind wir aber rechtzeitig zurück."
„Wetten, dass?!", ergänzte Willi.

Am Strand ließ sich so viel unternehmen, dass sie die Zeit ganz vergaßen. „Das ist das wahre Leben!“, sagte Ricky und grub seine Zehen in den weichen Sand hinein.

„Hat jemand Lust zu schwimmen?“, fragte Willi, der schon ein Stück ins Wasser hineingewatet war. „Ich erforsche lieber die Tümpel im Felsen“, erwiderte Mäxchen. „Ich auch“, sagte Ricky, und sie liefen davon. „Wartet auf mich“, rief Willi. „Ich könnte ja ertrinken.“

Nach den Felsentümpeln bauten sie eine riesige Strandburg. „Und was jetzt?", fragte Mäxchen. Willi sah zum Leuchtturm hinüber. „Kommt!", sagte er. „Den erkunden wir." „Herr Dachs hat doch erzählt, dass es in dem spukt", erinnerte Ricky sie. „Daran glaube ich nicht", sagte Willi. „Er hat bloß versucht, uns einen Schrecken einzujagen. Nur, wie kommen wir da rüber?"

In diesem Augenblick trat ein kleines Kaninchen-Mädchen an Ricky heran. „Entschuldigung", sagte es, „aber ich habe euch zufällig gehört. Mein Onkel hat da drüben seine Boote festgemacht. Wenn ihr ihm eine Nachricht hinterlasst, könnt ihr euch eins ausleihen." Ricky dankte ihr, und sie kletterten an Bord.

Gerade als sie die tiefe Fahrrinne zwischen dem Ufer und dem Leuchtturm erreichten, schrie Mäxchen auf: „Da dringt Wasser ein!" „Ein Leck", stöhnte Ricky. „Das sprudelt nur so rein!"
„Dann werden wir rüberschwimmen müssen", sagte Mäxchen. „Spring, Willi!"

Als er erst einmal im Wasser war, ergriff Ricky ein Ruder und hielt sich daran fest, während Mäxchen das andere Ruder und Willi packte. Es erschien ihnen wie eine Ewigkeit, bis sie am Ufer ankamen. Zitternd kletterten sie aus dem Wasser auf die Felsen und setzten sich völlig durchnässt nieder. „Tut mir Leid", schluchzte Willi. „Wir hätten uns nie hierher aufmachen sollen."
„Meine Schuld", sagte Ricky. „Ich hab das Boot ausgewählt." „Ist doch egal, wessen Schuld es ist", meinte Mäxchen. „Wir sind in Sicherheit. Das allein zählt."

Willi starrte auf den halb verfallenen Leuchtturm. „Der sieht mir doch so aus, als ob's in ihm spukt", sagte er. „Wir müssen aber ganz hinauf", entgegnete Ricky. „Das ist unsere einzige Hoffnung, ein Rettungsschiff zu entdecken."
„Uns wird niemand retten, weil niemand weiß, dass wir hier sind", jammerte Willi. „Psst! Seid mal still! Ich kann etwas hören", sagte Ricky plötzlich. „Das Gespenst ...", flüsterte Willi.
„Da, schon wieder", flüsterte Ricky. Jetzt konnte er Stimmen hören, und sie kamen immer näher. „Das ist kein Gespenst, das sind die Ratten", rief Willi aus. „Ich habe doch gewusst, dass uns jemand retten würde." „Sei mal einen Augenblick still, Willi", sagte Mäxchen. „Denen traue ich nicht. Vielleicht können wir hören, was sie vorhaben."

Der Anführer der Ratten sprach gerade. „Eine sehr hübsche kleine Beute", sagte er. „Zwölf Kästen Limonade und mehrere Kisten mit Gemüse. Gleich morgen früh holen wir sie ab und bringen sie zum Markt." Mäxchen, Ricky und Willi trauten ihren Ohren kaum. Sobald die Ratten weg waren, eilten sie hinunter, um die Fracht in Augenschein zu nehmen.

„Seht mal", sagte Willi. „Großvater Igels Speziallimonade, und ... das hier muss das Gemüse von Herrn Dachs sein. Wir haben die Räuber auf frischer Tat ertappt!" „Das wird uns aber unheimlich viel nützen", sagte Ricky. „Wo wir hier doch festsitzen." „Wenigstens werden wir nicht verhungern", entgegnete Willi. „Sehr komisch", bemerkte Ricky.

„Ich habe eine Idee", rief Willi plötzlich. „In einem Buch habe ich gelesen, dass jemand, der auf einer Insel festsaß, Tag und Nacht ein Feuer brennen ließ, um vorüberfahrende Schiffe auf sich aufmerksam zu machen." „Und hat das funktioniert?", fragte Mäxchen begierig.

„Das weiß ich nicht", räumte Willi ein. „Ich habe es nicht zu Ende gelesen."
„Idiot", sagte Ricky. „Es ist eine gute Idee, ob er nun das Buch zu Ende gelesen hat oder nicht", entgegnete Mäxchen. Willi war den Tränen nahe.
„Hoffentlich kommt Herr Dachs", sagte er. Dann hellte seine Miene sich auf.
„Wir könnten nach Brennholz suchen, während wir warten."

Sie taten ihr Bestes, hatten aber nur einen kleinen Stapel beisammen, als Willi plötzlich zum Ufer zeigte. „Seht mal", schrie er, „ein Schiff!" Doch seine Freude wurde jäh gedämpft. „Und was ist, wenn das die Ratten sind?", fragte er kleinlaut und reichte Ricky das Fernrohr. „Schau du mal", bat er. „Das Schiff kenne ich doch", sagte Ricky. „Ja. Das ist die Meerjungfrau." Sie kraxelten die Felsen hinunter und winkten und schrien. „Fangt auf", rief Kapitän Otter und warf ihnen ein Seil zu. „Wie bin ich froh, euch zu sehen!" seufzte Herr Dachs. „Und wir erst!", sagte Willi. „Und da gibt's etwas, das müssen wir Ihnen zeigen."

Sobald Kapitän Otter und Herr Dachs an Land waren, gingen sie alle zum Leuchtturm zurück. „Kein Zweifel, wem die Sachen gehören", erklärte Herr Dachs. „Wir schaffen sie lieber schnell an Bord. Vielleicht haben die Ratten eine Wache auf dem Festland postiert und uns womöglich schon entdeckt." Herr Dachs hatte Recht. Als Willi sein Fernrohr auf das Ufer richtete, sah er das Segelboot der Ratten bereits herankommen. „Schnell!", rief Herr Dachs. „Wir müssen uns beeilen." „Das schaffen wir nie", sagte Willi.

Sie hoben, schoben und zogen, bis sie völlig erschöpft waren. Dann rief Kapitän Otter: „Fertig oder nicht, ich lege ab. Die Ratten sind schon fast hier.“ Herr Dachs kletterte an Bord. Mäxchen und Ricky sprangen aufs Boot. „Komm, Willi, mein Junge, spring“, ermutigte ihn Herr Dachs. Das tat Willi dann auch, glitt aber aus und fiel ins Meer.

„Fahrt ohne mich weiter“, prustete er, „mit mir ist's aus.“ „Nein, noch lange nicht“, rief der Kapitän und warf ihm ein Seil zu. Plötzlich machte es rums, und alle fielen der Länge nach hin. Der Kahn der Ratten hatte die Meerjungfrau gerammt. „Macht euch keine Sorgen“, sagte Kapitän Otter, als die anderen einen triefnassen Willi an Bord hievten. Dann schleuderte er den Anker der Meerjungfrau gegen das Schiff der Ratten. Wums! Im Rumpf des Schiffes zeigte sich ein großes Loch, Wasser strömte hinein, und es sank.

„Lasst sie", sagte Herr Dachs, als die Ratten wieder auftauchten. „Sie können gut schwimmen." Der Wind griff in die Segel der Meerjungfrau, und weg war sie. „Jetzt sind sie dran, auf der Insel festzusitzen", sagte Mäxchen mit Genugtuung.
Mit Tränen in den Augen wandte Willi sich an seine Freunde. „Danke, dass ihr mir das Leben gerettet habt", nuschelte er. „Wir konnten dich doch nicht den Haien überlassen", scherzte Mäxchen. Froh gelaunt trockneten sie sich am Herd auf dem Schiff, während sie friedlich zurück zum Hafen segelten.

„Diesen Tag werde ich nie vergessen", sagte Willi leise, „und ich bin froh, dass er so glücklich zu Ende gegangen ist."

Als sie schließlich zum Wohnwagen zurückkehrten, war das Abendessen schon ziemlich angebrannt, aber das hielt sie nicht davon ab, jeden einzelnen Bissen zu genießen.

„Großvater Igel wird sich über unsere Neuigkeiten freuen", sagte Ricky. „Ich habe mich auch gefreut", fügte Herr Dachs hinzu. „Das ist ein ganz besonderer Urlaub gewesen. Mein Wohnwagen ist neu angestrichen, und ich habe frisches Gemüse zu verkaufen. Ja, alles hat sich zum Guten gewendet. Jeder ist in Sicherheit, und von den Dieben im Fuchswald sind wir befreit."

Er erhob sein Glas, und alle stimmten sie in seinen Trinkspruch ein: „Auf den Fuchswald!"

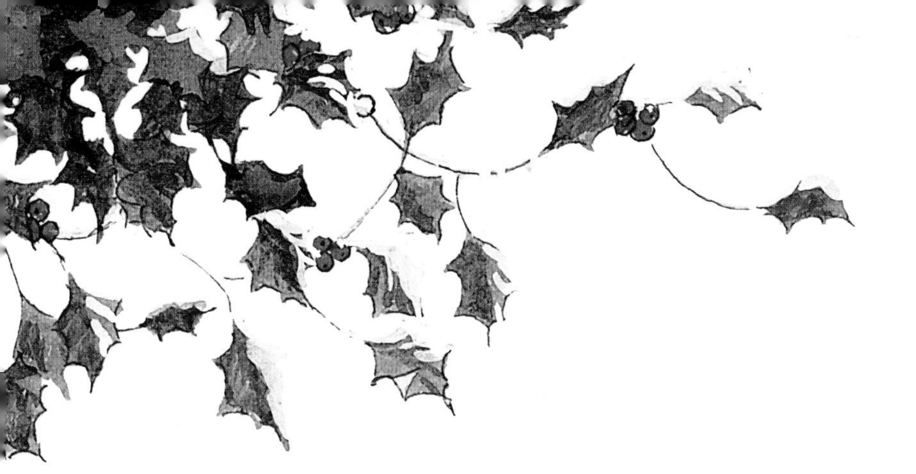

Überraschung im Fuchswald

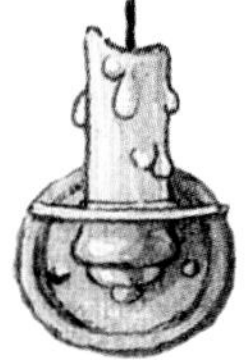

„Ist Mäxchen zu Hause?", fragte Willi Igel und stampfte mit den Füßen, damit der Schnee von seinen Gummistiefeln abfiel. „Er ist oben mit Ricky", sagte Frau Maus. „Geh mal hoch und sieh nach, was sie da treiben, Willi. Sie machen schon die ganze Zeit einen schrecklichen Lärm."

„Da bist du ja, Willi", rief Ricky, als Willi die Tür aufmachte. „Wird auch Zeit. Wir haben unsere beiden Schlitten fertig und deinen auch schon fast." „Danke", sagte Willi. „Aber ich habe meine Zeit nicht vertrödelt. Ich habe eine Liste der Weihnachtsgeschenke gemacht, die wir besorgen müssen." „Red bloß nicht von Weihnachtsgeschenken", stöhnte Mäxchen. „Wir haben kein Geld übrig. Du weißt doch, wie viel das ganze Material für die Schlitten gekostet hat." „Dann verdienen wir uns eben ein bisschen", sagte Willi. „Und wie?", fragten Mäxchen und Ricky gleichzeitig. „Vielleicht, indem wir Weihnachtslieder singen", schlug Willi vor. „Es ist doch Weihnachtszeit, oder?"

„Singen kann ich nicht für einen Pfifferling", murrte Ricky.
„Nicht für Pfifferlinge, für Geld."
„Ach, halt den Mund, Willi", schnauzte Ricky. „Das ist keine Zeit für lahme Witze."
Willi wollte ihm gerade die passende Antwort geben, als Mäxchen ihn zurückhielt. „Weihnachtslieder singen ist gar keine so schlechte Idee, Willi", sagte er. „Fangen wir doch gleich heute Abend an."

An diesem Abend trafen sich die drei Freunde, warm eingepackt und mit Laternen und Notenblättern ausgerüstet, draußen vor dem Kramladen von Herrn Dachs. Der Laden war geschlossen. „Wegen des Schnees hat er früher zugemacht", verkündete Ricky, nachdem er einen Zettel an der Tür gelesen hatte. „Es gibt noch jede Menge andere Häuser", sagte Willi aufmunternd. „Versuchen wir es als Nächstes bei Frau Maulwurf." Aber auch das Haus von Frau Maulwurf lag im Dunkeln und ebenso die nächsten drei Häuser, bei denen sie es versuchten.

Als sie schließlich beim Haus von Frau Eichhörnchen ankamen, waren sie schon fast so weit aufzugeben. „Was sollen wir zuerst singen?", fragte Willi und blätterte die Noten in seiner Hand durch. „Das ist genau der Punkt", sagte Mäxchen. „Wir sind nicht gut vorbereitet. Wir wissen nicht, was wir singen sollen, und wir wissen nicht, wer zu Hause ist. Du hättest es nicht so eilig haben sollen, Willi." „Hatte ich gar nicht", rief Willi. „Du warst es doch, der noch heute Abend anfangen wollte."

Über ihnen flog das Fenster auf. „Schluss mit dem Krach", rief Frau Eichhörnchen. „Ihr weckt mir noch die Kleinen auf."
„Das war's dann", sagte Mäxchen. „Das erste Haus, wo jemand da ist, und dann heißt es, dass wir den Mund halten sollen. Ich gehe nach Hause."
„Wart mal", entgegnete Willi. „Geh noch nicht. Ich habe eine glänzende Idee."
„Nicht schon wieder eine", seufzte Ricky. Dann zuckte er mit den Schultern. „Also gut, lass hören."

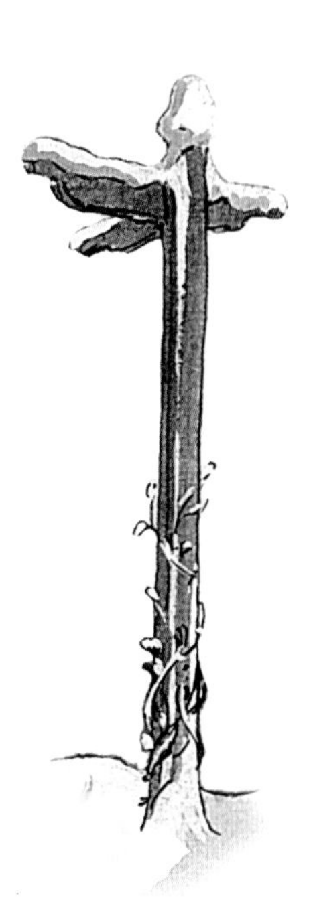

„Ich denke gerade an den neuen Herrn im alten Schloss", sagte Willi. „An den Baron Fuchs. Alle sagen, dass er sehr reich ist." Mäxchen begriff, was Willi meinte. „Das stimmt. Mein Vater sagt, er schwimmt nur so darin." „Schwimmt worin?", fragte Ricky. „In Geld, du Dummkopf", antwortete Willi. „Wenn wir es richtig anstellen, dann könnten wir von ihm alles kriegen, was wir brauchen." „Es sei denn, er ist gar nicht da", murmelte Ricky. „Einen Versuch ist es jedenfalls wert", beharrte Willi.

Eine halbe Stunde später kamen sie beim Schloss an. „Hoffentlich hast du Recht, Willi", sagte Mäxchen zweifelnd. „Es sieht mir ganz verlassen aus." Willi hörte gar nicht zu. „Was für ein Palast", murmelte er und hielt die Laterne hoch. „Man muss schon ganz schön reich sein, um in so einem Haus zu wohnen."
„Mir läuft's bei dem Anblick eiskalt den Rücken runter", sagte Ricky.

Sie stiegen die Stufen zur Schlosstür empor, und Ricky schlug laut mit dem Messingtürklopfer dagegen. „Also fangen wir an", sagte Willi. „Und singt mal kräftig, so dass sie uns hören können." Und ob man sie hörte! Noch bevor sie die erste Strophe beendet hatten, öffnete sich knarrend die Tür, und ein stattlicher Dachs in einer schicken Livree starrte sie wütend an. „Macht, dass ihr wegkommt", knurrte er. „Was habt ihr bei den Häusern anderer Leute herumzuschnüffeln? Lasst mich euch hier nicht noch einmal erwischen, bis ..." Er hielt plötzlich inne und knallte die Tür zu.

Die drei Freunde waren sprachlos. „Er hat uns nicht die geringste Chance gegeben!", sagte Willi schließlich. „So schlecht war unser Gesang gar nicht." „Es war nicht der Gesang", meinte Mäxchen nachdenklich. „Sie wollen bloß keine Besucher haben. Habt ihr gemerkt, dass alle Fensterläden geschlossen sind?" „Ich hab euch doch gesagt, dass es mir bei diesem Haus eiskalt den Rücken runterläuft", entgegnete Ricky. „Ich wette, Baron Fuchs hat ihm gesagt, dass er uns loswerden soll", keuchte Willi, als sie den Weg durch den Park zurückliefen.

Den ganzen Heimweg über war Willi sehr ärgerlich. „Der Baron wird zu Weihnachten auf nichts verzichten", schimpfte er. „Solange er genug für sich selbst hat, wird er nie an die Leute im Fuchswald denken." „Du bist bloß neidisch", stellte Ricky fest. „Bin ich nicht", erwiderte Willi. „Ich wünschte nur, mein Plan hätte funktioniert, das ist alles."

Mäxchen gähnte. „Im Augenblick wünsche ich mir überhaupt nichts", sagte er, „außer meinem Bett und dass wir keine Weihnachtslieder mehr singen müssen." „Wie wär's, wenn wir morgen mit den Schlitten in den Wald fahren und Brennholz sammeln würden, um es zu verkaufen?", fragte Ricky. „Gute Idee", stimmte Mäxchen zu. „Und vergesst nicht, Schnur mitzubringen", rief Willi noch, als jeder müde und matt zu sich nach Hause trottete.

Am nächsten Morgen, nach einem kräftigen warmen Frühstück, machten die drei Freunde sich in den Wald auf. Jeder zog seinen Schlitten hinter sich her. Frau Igel hatte Willi einen Laib Brot und einen Henkeltopf mit Suppe mitgegeben.

„Das wird euch alle bei Kräften halten", sagte sie, als sie ihm nachwinkte. Willis Beine waren so kurz und der Schnee lag so hoch, dass er schon bald sehr müde wurde. Netterweise zogen Mäxchen und Ricky abwechselnd seinen Schlitten und ließen ihn auf einem ihrer Schlitten mitfahren. Als sie beim Wald ankamen, war Ricky ganz dafür, sich sofort an die Arbeit zu machen.

„Sollen wir nicht zuerst etwas essen?", schlug Willi vor. „Meine Mutter hat mir Suppe und Brot in den Korb gesteckt." Dazu ließen Mäxchen und Ricky sich leicht überreden. An einem geschützten Plätzchen hielten sie gemeinsam Picknick. „Jetzt könnte ich die ganze Nacht lang arbeiten", sagte Ricky vergnügt, als auch der letzte Krümel verputzt war.

Schon bald stapelten sich die Holzbündel ordentlich zusammengeschnürt auf ihren Schlitten. „Das ist jetzt das letzte Stückchen Schnur", sagte Ricky. „Wir machen uns lieber auf den Heimweg." „Eigentlich sollte uns das einen guten Preis bringen", dachte Willi, der sich schon ausmalte, was er mit dem Geld für seinen Anteil alles kaufen könnte.

Die voll beladenen Schlitten ließen sich nur schwer ziehen. Als sie endlich am Waldrand ankamen, taten Willi die Füße weh. Wie bequem war doch der Hinweg gewesen! Plötzlich hörte er jemanden laut rufen.

Wieder hallte der Schrei zwischen den hohen kahlen Bäumen.
„Horcht doch mal", lauschte Willi. „Hier ruft doch jemand um Hilfe!"
In diesem Augenblick sahen sie einen kleinen Dachs auf sich zulaufen. „Es hat einen Unfall gegeben", rief er atemlos. „Bitte kommt mit."
Mäxchen, Ricky und Willi folgten dem kleinen Dachs bis zu einer Kutsche, die von der Fahrbahn abgerutscht war und über dem Wegesrand hing. Von dort ging es steil hinunter in den eisigen Fluss. Zwei Pferde standen zitternd in ihren Geschirren an der Deichsel.

„Ist irgendjemand verletzt?", keuchte Willi, als die anderen herbeigeeilt kamen. Hinter der Kutsche tauchte plötzlich ein großer Fuchs auf und klopfte den Schnee von seinem Mantel ab, der sehr teuer aussah.

„Wir sind unverletzt, aber ein bisschen sitzt uns der Schreck noch in den Gliedern", sagte er ruhig. Ricky spannte die Pferde aus, während Mäxchen den Kutscher tröstete. Willi wollte wissen, was passiert war.

„Eisglatte Fahrbahn", sagte der Fuchs. „Die Pferde sind an einer schlimmen Stelle weggerutscht, und bevor wir noch wussten, wie uns geschah, neigte sich die Kutsche schon halb über den Abgrund."

Der Kutscher kratzte sich am Kopf. „Das Problem ist nur", sagte er, „wie kriegen wir sie wieder auf die Straße zurück?" „Ich glaube, ich weiß wie", überlegte Willi. Er gab dem kleinen Dachs ein Zeichen, ihm zu folgen. „Komm mit, ich brauche jemanden, der mir hilft." „Was hat er denn jetzt schon wieder vor?", fragte Ricky.

„Ich fürchte, ich weiß es!", stöhnte Mäxchen, als Willi und sein neuer Freund wieder auftauchten und die drei Schlitten hinter sich herzogen. „Was willst du denn tun, Willi?", fragte Ricky besorgt. „Das Holz von den Schlitten verwenden, um Planken herzustellen, damit die Räder der Kutsche darauf Halt finden können." „Aber wir haben stundenlang gebraucht, die Schlitten zu bauen", protestierte Ricky, „und das Holz hat unser ganzes Geld gekostet." „Ich weiß, aber das ist die einzige Möglichkeit", sagte Willi entschlossen. Sie machten sich also ans Werk, zogen Leisten aus den Schlitten heraus und schoben sie mit viel Mühe unter die Räder. „Hoffentlich funktioniert das auch", sagte Mäxchen zu Willi, „sonst kannst du was erleben."

Alle arbeiteten schwer. Zuerst scharrten sie den Schnee unter der Kutsche weg, dann legte Willi die Leisten hintereinander unter die Räder.

Der Fuchs und der Kutscher brachten ein paar starke Äste aus dem Wald herbei, um sie als Hebel zu benutzen. Als alles bereit war, schob und hob ein jeder, bis der Wagen wieder aufrecht und die Räder auf den Brettern standen. Der Diener spannte die Pferde hinten an und brachte sie mit viel gutem Zureden dazu, die alte Kutsche langsam auf den Weg zurückzuziehen. „Prima gemacht, Willi", lobte ihn der Fuchs. „Ohne deine Hilfe hätten wir hier festgesessen." Dann fiel sein Blick auf das zersplitterte Holz, das im Schnee lag. „Es tut mir Leid um eure Schlitten." „Sie waren neu", sagte Willi. „Ich glaube nicht, dass Mäxchen und Ricky besonders zufrieden mit mir sind."

„Ich war unterwegs in die Stadt zum Einkaufen", fuhr der Fuchs lebhaft fort. „Hüpft alle hinein, und wir verbinden das Geschäftliche mit dem Vergnügen. Mir scheint, ich muss das eine oder andere zusätzlich auf meine Einkaufsliste setzen." „Es hat keinen Zweck, dass wir mitkommen", sagte Mäxchen. „Wir haben kein Geld. Darum haben wir ja Holz gesammelt, um es zu verkaufen." „Aber wir hätten nichts dagegen, mitgenommen zu werden", fügte Willi schnell hinzu.

Als alle drinnen Platz genommen hatten, sagte der Fuchs plötzlich: „Euer kleiner Freund läuft ja weg." „Wir kennen ihn gar nicht", erklärte Ricky. „Wir dachten, er gehört zu Ihnen. Er hat Alarm geschlagen, also ist er derjenige, dem Sie wirklich danken sollten." Der Fuchs sprang aus der Kutsche, lief dem kleinen Dachs hinterher und holte ihn zurück.

Auf der Fahrt in die Stadt fanden sie heraus, dass ihr neuer Freund Daniel hieß, dass seine Eltern tot waren und er allein im Wald wohnte. „Du musst sehr einsam sein", bedauerte Willi ihn. „Warum kommst du nicht einfach mit mir mit und wohnst bei uns? Meine Mutter würde bestimmt nichts dagegen haben, und du bist sowieso zu klein, um viel zu essen." „Oh ja, danke", entgegnete Daniel lächelnd.

„Das ist toll", sagte Mäxchen glücklich, als die Kutsche dahinrollte. „Jetzt weiß ich, wie man sich fühlt, wenn man ein Prinz ist." Der Fuchs hatte auch sein Vergnügen. „Wie wär's, wenn ihr ein paar Weihnachtslieder singen würdet?", schlug er vor. „Reden Sie bloß nicht von Weihnachtsliedern", sagte Willi mürrisch. „Gestern sind wir zum Schloss von Baron Fuchs gegangen, um Weihnachtslieder zu singen. Er ist schrecklich gemein, überhaupt nicht wie Sie. Sein Butler hat uns die Tür vor der Nase zugeknallt."
Der Fuchs lächelte. „Nicht alle Füchse sind so gemein, wisst ihr."
„Oh, so habe ich das nicht gemeint", sagte Willi errötend, „aber ..." – „Sei doch still, Willi", zischte Ricky, „du hast schon genug gequatscht."

Als sie in der Stadt ankamen, gab der Fuchs ihnen Geld für Weihnachtseinkäufe. „Ich muss etwas Geschäftliches erledigen", sagte er. „Wir treffen uns wieder um fünf im alten Gasthaus."

Die vier Freunde schauten auf das Geld in ihrer Hand und sahen sich dann gegenseitig an. „Damit können wir ja schrecklich viel kaufen", staunte Ricky und brach damit das Schweigen. „Wir sollten uns trennen", schlug Mäxchen vor. „Ein paar von meinen Geschenken sind geheim." „In Ordnung", stimmte Willi zu, der vermutete, dass eins davon für ihn sein könnte. „Aber ich behalte Daniel bei mir, sonst verläuft er sich noch."

Der Fuchs war der Erste, der im alten Gasthaus eintraf, und bis Willi ankam und nach ihm Ricky und schließlich Mäxchen, hatte er schon die Bestellung aufgegeben.
„Wo ist Daniel?", fragte Ricky, als sie sich setzten. „Wir sind in einem der Geschäfte getrennt worden", antwortete Willi ziemlich verlegen. „Ich dachte, er würde direkt hierher kommen." „Es wird allmählich dunkel", sagte der Fuchs. „Ich gehe also mal lieber und versuche, ihn zu finden. Bleibt hier und esst euren Kuchen."

„Dieser Fuchs macht mir zu schaffen", sagte Mäxchen, als sie sich über ihr Teegebäck hermachten. „Warum haben wir ihn vorher nie gesehen?"
„Er ist reich, und er ist großzügig", bemerkte Willi. „Aber wo wohnt er?", fragte Mäxchen. „Na ja, reiche Leute wohnen in großen Häusern", meinte Ricky. „Genau", sagte Mäxchen. „In Schlössern!" Willi erstickte fast an seinem Teekuchen. „Du meinst, er ist Baron Fuchs", keuchte er. „Und ich hab die ganze Zeit davon gequatscht, wie scheußlich und gemein der Baron ist. Was mach ich denn jetzt bloß?"

In diesem Augenblick kam der Fuchs wieder zurück und trug einen sehr müden Daniel auf dem Arm. „Ich fand ihn fest eingeschlafen unter dem Weihnachtsbaum auf dem Marktplatz", sagte er. „Esst jetzt auf, es ist schon spät und ich will euch alle sicher nach Hause bringen." Willi stand auf und trat vor den Fuchs. „Mein Herr", begann er tapfer, „oder eher, Herr Baron. Ich muss mich bei Ihnen entschuldigen. Es war nicht meine Absicht, Sie zu beschimpfen, und ich hatte keine Ahnung, dass Sie der neue Baron sind. Das sind Sie doch, oder?", fügte er hastig hinzu. „Dir ist schon verziehen, Willi", lächelte der Baron. „Und ich selbst muss wohl das eine oder andere erklären. Ich erzähle euch alles auf der Heimfahrt."

Auf der Fahrt zurück nach dem Fuchswald ließ Baron Fuchs die Kutsche anhalten und pflückte einige Stechpalmen- und Mistelzweige für das Schloss. „Das ist aber ein großartiger Baron", sagte Willi, als er mit Daniel nach Hause ging. „Einer von den allerbesten", stimmte ihm Daniel zu. „Und was für eine Überraschung seine Neuigkeit für das Dorf sein wird", freute sich Willi. „Ich weiß gar nicht, wie wir das Geheimnis bis morgen für uns behalten sollen. Komm, Daniel, ich will dich meiner Mutter vorstellen."

Willis Mutter beobachtete vom Küchenfenster aus, wie sich die beiden mit den Armen voller Päckchen den Weg entlangkämpften. „Hallo, Mama", rief Willi, als sie die Tür öffnete. „Das ist Daniel." „Herein mit euch und herzlich willkommen, Daniel", sagte Frau Igel.

„Wärmt euch am Feuer auf, während ich das Abendessen hole, und dann will ich hören, was du den ganzen Tag lang gemacht hast, Willi, und wie du Daniel kennen gelernt hast." Aber das Abendessen kam zu spät. Willi und Daniel waren am warmen Feuer eingeschlafen, und Frau Igel trug sie hinauf ins Bett.

Am nächsten Morgen rüttelte Willi Daniel wach. „Heiligabend", sagte er. „Der Tag, an dem wir unsere ganzen Geschenke verpacken und unter den Baum legen." „Toll", freute sich Daniel. „Weihnachten in einer richtigen Familie." Frau Igel hörte dies. „Ich hoffe, es wird dir Freude machen, bei uns zu sein, Daniel", sagte sie. „Und bleib, solange du willst."

Als sie beim Frühstück saßen, kam der Stadtausrufer vorbei. „Hört, ihr Leut! Hört!", rief er. „Der neue Baron lädt alle am Heiligabend zu einem Kostümfest im Schloss ein. Pünktlich um 17 Uhr 30!"

„Hurra", schrie Willi. „Das Geheimnis ist gelüftet." „Das heißt wohl, du weißt das schon, Willi", meinte seine Mutter überrascht und holte tief Luft. „Und du hast es tatsächlich geschafft, das Geheimnis für dich zu behalten." „Das ist eine lange Geschichte", sagte Willi, „und jetzt ist keine Zeit, dir das zu erzählen, weil wir unsere Kostüme fertig machen müssen."

Der ganze Abend war ein riesiger Erfolg. Es gab Gesellschaftsspiele, Preise und Schlittenfahrten auf dem Schlossgelände. Zum Essen und Trinken waren so leckere Sachen aufgetischt, dass Willi schon bald zugeben musste, dass er einfach nicht mehr konnte.

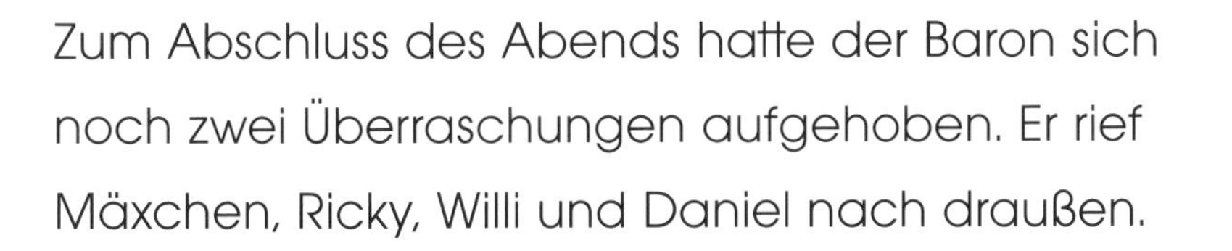

Zum Abschluss des Abends hatte der Baron sich noch zwei Überraschungen aufgehoben. Er rief Mäxchen, Ricky, Willi und Daniel nach draußen.

Dort, im Schnee, stand ein wunderschöner Schlitten, groß genug für vier. „Er gehört euch", sagte er, „ihr habt ihn euch verdient."

Der Baron wandte sich an Daniel. „Und du hättest doch nichts von deinem Anteil am Schlitten, wenn du nicht hier wärst. Was sagst du also dazu, ins Schloss zu ziehen und bei uns zu wohnen?" „Genau", riefen Mäxchen, Ricky und Willi wie aus einem Mund. Daniel lächelte und nickte glücklich.

Genehmigte Lizenzausgabe
EDITION XXL GmbH
Fränkisch-Crumbach 2004
www.edition-xxl.de

„The Foxwood Tales™"
Illustrationen © Brian Paterson 2004
Text © Cynthia Paterson 2004
Lizenz durch: Euro Lizenzen, Herzogspitalstraße 3,
80331 München, Tel. (0 89) 26 60 66

Layout und Satz: Nadine Meisinger

ISBN 3-89736-419-0